Unbekannter Jugendstil in Wien
Fassaden

Unbekannter Jugendstil in Wien Fassaden

Text von
Elisabeth Koller-Glück
Photos von
Hedwig Zdrazil

EDITION TUSCH

Auf dem Vorsatz wiedergegeben
findet sich der Fassadenaufriß des Hauses Margaretenstraße 100
(Architekt Hans Schimitzek, 1902)

Copyright © 1983 by Edition Tusch
Buch- und Kunstverlag
2. Auflage 1987
Satz und Druck: Tusch-Druck, Wien
Alle Rechte vorbehalten. Printed in Austria
ISBN 3-85063-132-X

Meist wird Architektur an den großen öffentlichen Bauten, an Kirchen, Schlössern und Palästen oder an jenen Häusern studiert und betrachtet, in denen das Bürgertum seine glanzvollsten Leistungen manifestiert. An der großen Masse der Häuser, die eine Stadt ausmachen, an den zehntausenden Fassaden der Zins- und Wohnhäuser wird häufig achtlos vorbei gegangen, kaum hebt jemand den Blick über die Höhe der Auslagen. Und doch prägen diese Fassaden mit ihrem schmutzigen Grau, aber auch nach Restaurierungen mit immer zahlreicher werdenden bunten Färbungen das Bild der Stadt; sind sie gerade in Wien von einer unerschöpflichen Fülle der Formen, so daß, sieht man genau hin, kaum eine der anderen gleicht. Nicht die großen Stile bilden also das Gesicht der Stadt; viele anonyme Baumeister haben an ihm mitgewirkt, die ihrerseits mehr oder weniger Anleihen nahmen von den großen Meistern ihrer Epoche, mit wenigen Ausnahmen eingebunden waren in den Formenschatz ihrer Zeit. Wir spüren hier den Fassaden einer ganz bestimmten, relativ kurz umrissenen Zeit nach, den Häusern des Wiener Jugendstils, der sich im wesentlichen von der Jahrhundertwende bis zum Ersten Weltkrieg erschöpfte, wenn auch manche Errungenschaften beim Bauen, vor allem aber im Kunstgewerbe bis weit in das Jahrhundertdrittel nachwirkten.

Als Josef Olbrich 1898 in Wien das neue Ausstellungsgebäude für die junge Künstlerschaft baute, die ein Jahr vorher unter so spektakulären Umständen aus der Künstlerhaus-Gesellschaft ausgetreten war, staunten die Wiener, schimpften wohl auch: Die Künstler stünden eben außerhalb der Normen, müßten etwas Verrücktes bauen, und sie nahmen „das Grab des Mahdi" nicht ernst, wie sie das Secessionsgebäude zuerst bezeichneten, hatten auch sehr schnell den Namen vom „goldenen Krauthappel" erfunden und ihren Unwillen damit abreagiert.

Als ein Jahr später Otto Wagners Wienzeilehäuser (Linke Wienzeile 38 und 40, Köstlergasse 3) fertig wurden, da ging eine Welle der Empörung durch die Stadt. Sie wurde noch genährt durch den Beitritt von Österreichs „berühmtestem Professor" zur avantgardistischen Secession, der Künstlergruppe um Gustav Klimt. Von weither kamen die Wiener, um die ungewöhnlichen Häuser zu bestaunen; ein Haus reich in Gold und Grün verziert, ein Haus mit Fliesen belegt, womöglich abwaschbar, in rot-grünem Blumenmuster! Niemand, so schworen die Wiener, würde sich finden, in diese närrischen Häuser einzuziehen!

Otto Wagners Stadtbahn, ja die liebte man. Durch sie wurden die Wiener gewissermaßen erstmals mit Zweckarchitektur konfrontiert, waren sie doch sonst rundum von falscher Renaissance, falschem Barock – ihren Zinshäusern – umgeben. Otto Wagner hat selbst fast ein Menschenalter lang gebraucht, sich vom Historismus des 19. Jahrhunderts zu lösen und dem „Nutz-Stil" zuzuwenden, wie er ihn selbst bezeichnete – und der dann so unerhörten Einfluß auf das Bauen erhalten sollte. Zwar nahm er in seinen Schriften schon sehr früh den Funktionalismus des Spätwerks vorweg, bis er mit der Wiener Stadtbahn und der Wienfluß-Verbauung Weltgeltung, mit der Kirche am Steinhof und der Postsparkasse Höhepunkte erlangte. Aber niemals, davon war man überzeugt, würde sich so etwas durchsetzen. Wer hätte gedacht, daß schon wenige Jahre später Wien voll sein würde von Jugendstil!

Wie wirkte sich dieser befruchtende und erneuernde Strom in Wien aus, der, von jungen Künstlern getragen, durch mitreißende Ideen von der Neugestaltung der Kunst, ja des ganzen Lebens, um die letzte Jahrhundertwende über ganz Europa brauste? In England nannte man ihn Modern Style, in Holland Nieuwe Kunst, in Frankreich Stile Moderne oder Art Nouveau, in Deutschland Jugendstil, in Italien Liberty, in Österreich Wiener Secession. Dieser „Neue Stil" suchte mit schöpferisch-neuen Stilelementen, mit vegetabilen Abstraktionen, floralen Ornamenten, rhythmischen Linien, wuchernden Ranken, polypen- und schlangenumwallten Medusenhäuptern – aber auch mit ernstem Trachten nach gültigen neuen Formen und einer Erneuerung der Kunst, die „Archäologie" des Historismus zu überwinden. Der Ruf nach Materialgerechtigkeit und Zweckmäßigkeit, nach dem „Gesamtkunstwerk" war laut, aber mit dem Eindringen in das Kunstgewerbe, in die Typographie, kam zugleich auch der Hang zum Dekorativen.

Und das ist das Stichwort für Wien. Wohl hatten sich auch dorthin die vegetabilen Formen eingeschlängelt, aber es ist, als ob sie in Wien nicht so wild wucherten, wie beispielsweise im deutschen Jugendstil, wo seine Auswüchse als „Seelennudeln" bezeichnet wurden. Etwas Lieblicheres, Sorgloseres, Poetischeres, gelegentlich wohl auch ein wenig Verkitschtes – war in dieser Wiener Secession, die sich nie extrem (bis zur Geschmacklosigkeit, wie anderswo) gebärdete. Hier milderte dann Otto Wagner selbst den Funktionalismus – dem genius loci entsprechend – mit stilisierten Rokokokränzchen und -girlanden. Gustav Klimt malte die Frauen umgeben von oder aufgelöst, eingebunden in Ornament. Wien war nie der Boden für Extreme – vielleicht als Folge des jahrhundertelangen Zusammenlebens heterogenster Elemente: Westliches und Östliches, Slawisches und Romanisches vereinen sich. Mit der Wiener Secession, in der sich auch manches davon spiegelt, erntete Österreich – dank einiger überragender Künstler – eine kurze weltweite Anerkennung seiner Kunst, obwohl – oder weil – sich die Wiener Abart des Jugendstils klar von Verwandtem unterscheidet.

In kürzester Zeit hat die Secession – der Jugendstil, wenn wir bei diesem auch international gebrauchten Begriff bleiben – eine kolossale Umwälzung im Geschmack der Wiener herbeigeführt. Allerdings trugen große Aktivitäten der neuen Künstlervereinigung dazu bei. Sie gaben ihre Zeitschrift „Ver Sacrum“ heraus; sie veranstalteten aufsehenerregende Ausstellungen in der Secession, an denen das Publikum lebhaftesten Anteil nahm, die in den Zeitungen ausführlich besprochen und nicht nur von den Kunstinteressierten diskutiert wurden. Und vor allem war es dann 1908 die berühmte „Kunstschau“, die den Besucher in 54 Ausstellungssälen mit der totalen Durchgestaltung des Lebens durch die neue Kunst konfrontierte, wie es die jungen, umstürzlerischen Künstler meinten.

Was man noch um 1900 nicht für möglich gehalten hatte, war wenige Jahre später bereits große Mode: Das Nachahmen von Jugendstilformen wurde geradezu eine Manie, nicht nur im Kunstgewerbe, der Druckgestaltung, der Mode, sondern auch in allen anderen Bereichen, vornehmlich in der Architektur. Viele anonyme Baumeister, die nicht zu den Auserwählten zählten, in Otto Wagners berühmter Architekturschule an der Wiener Akademie studieren zu dürfen – er traf bekanntlich eine sehr rigorose, streng limitierte Auswahl –, griffen wenigstens die Ornamente auf, die sie bei dem großen Meister und seinen Schülern, wohl auch im Ausland, gesehen hatten und mischten mehr oder weniger davon unter den alles beherrschenden Historismus. Für die meisten ihrer Bauherren war damit der Moderne Genüge getan: sie hingen noch am Alten, wollten aber doch auch zeitgemäß sein. Ganz getraute man sich nicht, aber wenigstens hoch oben, unter dem Dachsims, wurden Jugendstilornamente angebracht. Mit der von den jungen Kunststürmern geforderten geistigen Erneuerung des gesamten Lebens hatte das allerdings sehr wenig zu tun.

In der neuen Architektur wie im Kunstgewerbe und Ornament kristallisieren sich im wesentlichen drei Hauptmerkmale heraus: Die weich fließenden, schwingenden, floralen, meist asymmetrischen Formen – und die klaren, stereometrischen, geradezu kubisch durchgebildeten Körper. Dazu kommen in der Architektur jene malerischen Bauten mit hohen Giebeln und Türmchen, die noch stark der Romantik verhaftet sind. Ebenso im Ornament: Es gibt die flächige oder gekurvte asymmetrische, weiche, rhythmische Form. Das harte geometrische Gegenteil bevorzugt das reine Quadrat, den Rhombus, die klare Linie und den Kreis. Daneben aber besteht gerade bei der Wiener Secession eine starke und unausrottbare Tendenz, barocke und Rokokoelemente aufzugreifen. Es scheint, als ob die österreichische Kunst über mehr als zwei Jahrhunderte ohne Zöpfchen, Blumengirlanden, Kranzerln und Mascherln nicht auskommen konnte, und begierig griff man diese Zierelemente, die im Barock, Rokoko und Biedermeier eine so große Rolle gespielt hatten, wieder auf. Ein wenig stilisiert, ein wenig geschwungen, werden sie zum speziell wienerischen Secessionszierat. Und der Übergang von der historistischen Dekorationsmaske an der Fassade zum secessionistischen Medusenhaupt, Merkurkopf, zur Jungmädchenmaske, ist fließend! So hat sich, besonders in der anonymen Architektur, ein regelrechter Mischstil zwischen historisierenden und Jugendstilformen herausgebildet.

Ein reiches, dekadentes und langsam aussterbendes Bürgertum, so sagt man, war der eigentliche Träger dieser raffinierten Kunst des Fin de siècle. Das bezeugen manche Villen in Döbling, Grinzing, Hernals, Ober-St. Veit und bis weit über die Grenzen Wiens hinaus, etwa in Klosterneuburg, Mödling oder Baden. Doch wäre es zu einfach, Jugendstil nur in Wiener Nobelbezirken oder in Nobelwohngegenden zu suchen. Er findet sich ebenso in der Innenstadt, wo Althäuser ersetzt wurden und besonders an Geschäftshäusern wie etwa auf dem Kohlmarkt, dem Graben, oder bei der originellen Engelapotheke in der Bognergasse (für den Jugendstilkünstler, der sie gestaltete, war die ganz schmale, noch mittelalterliche Parzelle gerade wie geschaffen!). Das Eckhaus Fleischmarkt 1 – Rotenturmstraße ist ein Beispiel für jenen anderen geometrischen Stil, der dann weit in die zwanziger und dreißiger Jahre hineinwirkt.

Weniger oft sind die neuen Ornamente im 2. Bezirk vertreten: Praterstraße 48 (mit Fliesen an der Fassade), Böcklinstraße, Kleine Pfarrgasse. Dafür findet man erstaunlich viel Jugendstil im dritten, auch im vierten Bezirk: Wahre Schmuckkästchen sind etwa die Häuser Mohsgasse 3 mit den verschlungenen Frauenmasken an der Fassade und Dannebergplatz 11, letzteres mit seinem typischen, von einem Dreiviertelkreis und zwei Mädchenköpfen in Flachrelief eingefaßten Haustor; bemerkenswert auch die Häuser Dannebergplatz 8 (Stiegenhaus!) und 14. Die Girlanden unter dem geschwungenen Giebel bei dem Haus Nr. 9 zeigen so recht augenscheinlich die starke Verbundenheit mit dem Rokoko. Eine wahre Fundgrube ist die Dapontegasse: Das ganze Repertoire der beliebtesten Reliefornamente, Girlanden, Kränze, Masken, Rosenkörbe, Frauenbüsten, wurde dort verwendet. Die so häufige runde oder turmartige Eckgestaltung (Haus Nr. 10) wechselt mit einer ornamentalen Mittelbetonung (Haus Nr. 9), oft mit querovalen Fenstern und Masken.

Man findet dort die originellsten Haustore, so an den Häusern 1, 4, 7 und 13. Überhaupt, die Haustore an Wiener Jugendstilhäusern! Ihrer Phantasie ist keine Grenze gesetzt. Sie werden von halbkreis-, dreiviertelkreisförmigen oder flachgedrückten Bogen umfaßt, mit Blumenvasen, Girlanden oder Kränzen, mit Masken – in einem Fall in der Sechshauser Straße sogar mit Eichhörnchen – geschmückt, sie tragen kleine geschwungene Dächer oder Reliefs, haben Laternen zur Seite, gebauchte Holz- oder verschlungene Eisentore. Ein Prachtstück bietet das Haus Dörfelstraße 15 in Meidling oder der leider stark vernachlässigte Galilei-Hof in der Lainzer Straße in Hietzing. Aber es gibt auch Haustore des geometrischen Stils mit rechtwinkeligen Umfassungen, wie in der Schlüsselgasse 8 im 4. Bezirk. Und dann kommt man wieder an Häusern vorbei, deren einstige Pracht nur mehr das übriggebliebene Jugendstiltor ahnen läßt, da sie heute mit nackt geputzten Fassaden dastehen.

Ein anderes sehr beliebtes Motiv an Haustoren und Fassaden sind Putten, häufig recht wienerisch-süß als kleine Engerln gestaltet, wie etwa an den Häusern 3., Reisnerstraße 29 und Salesianergasse 31. Das Tor des Hauses 6., Hornbostelgasse 14 ist mit Putten geschmückt, in sehr dekorativen Variationen auch 7., Siebensterngasse 42/44; das Wappen der Wohnhausanlage „Klein Wien" im 15. Bezirk wird von solchen Engerln getragen.

Wie sehr die Wiener Secessionsarchitekten auch Anleihen beim Wiener Klassizismus um 1800 und beim Biedermeier genommen haben, zeigen die Fenster im zweiten Stock des schon genannten Hauses in der Salesianergasse 31. Der reine Halbkreis über dem Fenster, entweder als halbkreisförmige Oberlichte mit radialer Unterteilung oder noch öfter als Flachnische ausgestaltet, in die man ein kleines Relief oder Medaillon setzte, war ein sehr beliebtes Motiv besonders an Bürgerhäusern des Klassizismus oder des Wiener Biedermeier. Auch diese Form wird aufgegriffen; man braucht über Halbkreis und Medaillon bloß ein gewelltes Band zu legen. Auch am Haus 3., Heumarkt 12, Ecke Schwarzenbergplatz kann man dieses merkwürdige Phänomen des „klassizistischen" Jugendstils beobachten.

Auch sonst findet sich im 3. Bezirk Jugendstil, freilich vielfach in Mischformen, so in der Neulinggasse, Hießgasse, Paracelsusgasse, Gärtnergasse, Reisnerstraße (Nr. 13 schöne Balkongitter), Baumannstraße, auf dem Rudolf von Alt-Platz, in der Unteren Weißgerber Lände, vor allem in der Ungargasse das wegweisende Geschäftshaus von Portois & Fix aus dem Jahr 1900 von Max Fabiani, das in der Fachliteratur allerdings längst hervorgehoben wird. Im 4. Bezirk sei auf die Fassaden in der Argentinierstraße (4–6 Stiegenhaus!), auf die Große Neugasse, Viktorgasse, Graf Starhemberggasse und besonders auf die Frankenberggasse 3 mit dem farbig auffallendem Glasmosaik hingewiesen, – um nur einiges zu nennen.

Viele Häuser sehen auf den ersten Blick quasi historistisch aus, erst an ihren Details kann man den Jugendstileinfluß erkennen. Oft wird das durch eine neue Farbgebung erschwert: Die Secession liebte kein scharfes Hervorheben der Ornamente und Gliederungen, wie es jetzt oft in falscher Renoviersucht geschieht. Etwa, daß man die Jugendstilornamente weiß aus grellem Rot, Grün oder Rosa herausknallen läßt (so sehr natürlich Renovierungen zu begrüßen sind).

Bis über die Mitte des vergangenen Jahrhunderts waren grelle Farben an Häusern, vor allem auch das blendende Weiß, überhaupt untersagt: „Der Anstrich der Gebäude muß den Augen unschädlich sein", heißt es noch in der Wiener Bauordnung von 1859. Die Secession hielt sich nicht mehr an diese überholte Ansicht, sie bevorzugt ein strahlendes Weiß, oft mit Goldornamenten kostbar gemacht, zu dem sich mitunter ein gebrochenes Grün gesellte, wie bei Otto Wagners Stadtbahnbauten. Beispielhaft für diese klassische Farbzusammenstellung ist auch die Villa in Ober-St. Veit, Schloßberggasse 14, mit ihren qualitätvollen wohlproportionierten Fenstern und dem mattgrünen Kachelfries.

Im Streben nach dem Gesamtkunstwerk suchte der Jugendstilarchitekt möglichst alle Details stilvollendet durchzugestalten. Dem Stiegenhaus, den Stiegengeländern und Gittern, den Türen, ja den Türschnallen, den Beleuchtungskörpern, Kacheln, Fenstern wird besonderes Augenmerk geschenkt. Und welche Entdeckungen gibt es da! Freilich baten uns Hausbewohner und Hausmeister immer wieder, nur ja keine Adressen anzugeben, allzuoft schon wurden eine Jugendstilleuchte, ein Stück Gitter abmontiert, sogar ein Jugendstilfenster aus seiner Fassung gebrochen!

Eines der originellsten Wiener Jugendstilhäuser steht in der Margaretenstraße 100 im 5. Bezirk. Es stammt aus dem Jahr 1902, der internationale Einfluß ist an den großen überhalbkreisrunden Öffnungen im Erdgeschoß oder der Fassade noch besonders stark zu spüren. Dem Architekten wurde es auch ermöglicht, das ganze Gebäude, auch die Planung der Wohnungen weitgehend durchzugestalten, was bei dem schmalen, unregelmäßigen Grundriß gar nicht leicht war. Nicht oft hatten die Baumeister diese Möglichkeit, allzuoft mußten sie sich mit Jugendstilornamenten an der Fassade zufriedengeben. Köstlich ist in der Margaretenstraße auch das bauchige Haustor mit einer nierenförmigen Oberlichte, ganz im Sinn des weichen, gekurvten Stils und mit stilisierten Fröschen als Ziermotiv. Auch die Häuser Margaretenstraße 78 und 82 (mit ovaler Mittelbetonung) stammen aus dieser Zeit, ebenso einige Häuser in der Schönbrunner Straße, Nr. 64 als Beispiel der geometrischen Form, zu der auch das Haus Ecke Bürgerspitalgasse-Liniengasse im 6. Bezirk zählt, übrigens ein Biedermeierhaus, dem man eine Jugendstilfassade aufgesetzt hat. Ein klares Jugendstilgesicht trägt das Eckhaus 5, Amtshausgasse-Bärengasse in seiner noblen Einfärbigkeit und mit den so typischen, dreiviertelbogig zusammengefaßten Fenstern. Dieses Motiv verwendeten Klassiker des Jugendstils, etwa einige Otto Wagner-Schüler, auch gerne als kleine stilisierte Bäumchen, deren dreiviertelkreisförmige Kronen die Fenster umwachsen.

Wer hat schon die untere Mariahilfer Straße durchwandert und sie nach Jugendstil durchforstet? Kaum jemand ist von den Auslagen abzulenken und wirft auch nur einen Blick auf die Fassade darüber. Und doch gibt es eine Menge zu entdecken! Mariahilfer Straße 23–25, Ecke Theobaldgasse zeigt die so beliebte Eckturmgestaltung, wie sie die Secessionsarchitekten eindeutig vom Historismus übernommen haben, nur der Dekor wechselt. Auch das Haus Nr. 27 zeigt

Jugendstil an der Fassade. Ein Stück weiter die Straße hinauf findet man eine ganze Reihe (Nr. 47, den Straßenhof Nr. 49, 51 und 53). Typisch sind da die breit vorkragende Dachzone (wie sie Otto Wagner gerne hatte), Runderker und diverse Ornamente. Auch in der Linken Wienzeile, nicht weit von Otto Wagners berühmten Bauten, gibt es eine Reihe von Häusern mit Jugendstilornamenten, ferner schräg gegenüber in der Hamburgerstraße das Haus auf schmaler Parzelle neben dem den Wienfluß begleitenden Gärtchen. Im 6. Bezirk darf man noch den Geschäfts-Straßenhof Fabianis in der Lehárgasse hinter dem Theater an der Wien nicht vergessen, ferner Häuser in der Windmühlgasse, Otto-Bauer-Gasse, Mollardgasse, Gumpendorfer Straße, Königsklostergasse.

Vergleichsweise recht unruhig mit kleinen Kuppeln und Engeln (und schönen Fenstern im Stiegenhaus) präsentiert sich der große Bau Siebensterngasse 42–44 im 7. Bezirk. Ein typisches Beispiel des Mischstils mit übergroßen Löwenköpfen, wie sie auch Otto Wagner früher verwendete, ist unweit davon das Haus Mondscheingasse 3.

In den Bezirken innerhalb des Gürtels mit ausgesprochenem Althausbestand wurde in den Jahren zwischen 1900 und 1914 nicht so viel gebaut. Aber da und dort wurde doch ein altes Haus durch ein neues ersetzt, oder einem Spätbarockhaus sogar eine Jugendstilfassade aufgesetzt (8., Ecke Pfeilgasse-Lerchengasse); wurde ein Garten mit einem neuen Gitter umgeben (Drasche-, Schubert-, Ebner-Eschenbach-Park); herrlich im asymmetrischen kurvilinearen Stil das Gartentor des Schönborn-Parks im 8. Bezirk! Neue Brücken, wie die Dürwaringbrücke im 18. Bezirk, neue Stiegen, wie die berühmte Strudlhofstiege im 9. oder die Fillgraderstiege im 6. Bezirk wurden gebaut oder ein neues Amtshaus errichtet. Als Beispiel für viele andere solche öffentliche Bauten sei das Polizeigebäude 9., Roßauer Lände genannt oder, um einmal einen der neuen Bezirke zu erwähnen, die erst 1955 in der jetzigen Form nach Wien eingemeindet worden sind, das Bezirksamt in Liesing. Wie so viele andere Bauten, etwa auch das Landesgericht auf dem Hernalser Gürtel, sind sie von jenem spezifischen Mischstil geprägt, der gerade für diese amtlichen Gebäude richtunggebend war: In den Untergeschossen wollte man auf die (falschen) Rustikaquadern nicht verzichten, aber in den Obergeschossen, mit Vorliebe unter dem Dach, wie in Liesing, findet man Jugendstil häufig an der Fassade.

Im 8. Bezirk sei noch auf die Verwaltungsakademie der Stadt Wien hingewiesen, die in der sonst weitgehend als klassizistisches Ensemble erhaltenen Buchfeldgasse mit ihrem Jugendstil nicht einmal stört; ferner auf das Haus Lange Gasse 8 mit frisch renovierten Goldornamenten, auch in der Josefstädter Straße und Piaristengasse und einigen anderen Straßen finden sich entsprechende Ornamente.

Denkmäler aus dieser Zeit gibt es eine ganze Menge in Wien, allen voran das Kaiserin-Elisabeth-Denkmal im Volksgarten, und zwar nicht die Figur, sondern das ganze architektonische Ensemble von 1907. Sogar die Blumen, die dort ursprünglich gepflanzt waren, galten als Lieblingsblumen des Jugendstils, nämlich die asymmetrische Schwertlilie. Heute sind dort (fälschlich) Pelargonien gepflanzt. Aber wie auch beim Zauberflöte-Brunnen auf dem Mozartplatz handelt es sich dabei wohl um eines der bekannteren Denkmäler. Weniger bekannt sind wahrscheinlich der (etwas süßlich wirkende) „Forellen-Brunnen", den man im biedermeierlichen Schuberthaus in der Nußdorfer Straße im 9. Bezirk aufgestellt hat, der Karl-Borromäus-Brunnen im 3. Bezirk von Josef Plečnik und Josef Engelhart oder der kleine Augustin-Brunnen in 7., Neustiftgasse.

Jugendstilkirchen finden sich in Wien weniger, sieht man einmal ab von dem ganz großen, weltberühmten Gesamtkunstwerk der Kirche am Steinhof von Otto Wagner, an dessen Innenausstattung viele seiner Künstlerkollegen mitgearbeitet haben. Aber selbst diese Kirche kennen wenige Wiener aus eigenem Augenschein von innen. Nicht viel anders verhält es sich mit der Dr.-Karl-Lueger-Kirche auf dem Zentralfriedhof. Ihre Innenausstattung darf wohl mit Fug und Recht dem unbekannten Wiener Jugendstil zugerechnet werden. Und die Hl.-Geist-Kirche in Ottakring von Josef Plečnik, in der Fachwelt als erste Eisenbetonkirche Österreichs bekannt, dürfte auch nur den Gläubigen bekannt sein, die dort ihre Sonntagsmesse besuchen. Merkwürdig genug sind die vereinzelten Jugendstilelemente an der sonst in neuromanischen Formen erbauten Simmeringer Pfarrkirche. Als dort im Dezember 1910 die erste Messe gelesen wurde, war Kaiser Franz Joseph anwesend, der einst Rudolf von Alt mißbilligend gefragt hatte, ob er denn nicht zu alt wäre für diese Jungen – die ihn bekanntlich spontan zum Präsidenten ihrer Secession gewählt hatten . . .

Noch etwas sehr Wesentliches wird von den Architekten der Jahrhundertwende aufgegriffen: Die Anwendung neuer Techniken, das Bauen in Eisenbeton, das ganz andere, kühnere Formgebungen ermöglichte. Die Erfindung des Eisenbetons wird dem Franzosen Joseph Monier zugeschrieben, der merkwürdigerweise Gärtner war. Er erfand drahtnetzbewehrte Gartengeschirre, die er 1867 patentieren ließ. Aber erst nach Verbesserungen, die vor allem in Österreich vorgenommen wurden, kam die Erfindung in den achtziger Jahren des vorigen Jahrhunderts langsam zur Anwendung. Auch das Ornament – etwa die arbeitsintensive bildhauerische Arbeit an den Dekorationsmasken oder sonstigen komplizierten ornamentalen und figuralen Darstellungen, war nun nicht mehr in mühsamer Handarbeit nötig: Man fertigte sie im neuen Betongußverfahren. Natürlich blieben viele Baumeister noch bei den überkommenen Techniken, aber die fortschrittlichsten wendeten mit Begeisterung Eisenbeton und Betonguß an.

Jugendstilinteressierte sollten sich einmal Zeit nehmen, durch die obere Favoritenstraße, 10. Bezirk, zu wandern. Erstaunlich, was es da alles zu sehen gibt: Nr. 155–157 mit Rosenvasen und Masken, Nr. 166, ferner 206–208 mit blauen Kacheln, 174 mit Rosengirlanden tragenden Engerln.

Auch neue Schulen brauchte die wachsende Großstadt. Bei jener auf dem Johann-Hoffmann-Platz im 12. Bezirk kann man vor allem an den Portalen die Bauzeit ablesen: Das hübscheste Jugendstilfüllhorn voll Blumen ergießt sich über die Schüler, die da ein und aus gehen. Leider wurden modernistische Scheibenfenster in die Fassade gesetzt und eine ebenso wenig stilgerechte Glastüre eingefügt. Genausowenig paßt die Form des Geschäftslokales neben das Jugendstilportal mit seiner Mädchenmaske und den Girlanden am Haus 12., Wilhelmstraße 30 in den Zusammenhang der eher zart ornamentierten Fassade mit Rokoko-Blumenkörben und Löwenköpfen über dem Dachgeschoß.

Daß Hietzing und Penzing voll sind mit Jugendstilbauten, braucht nicht erst betont zu werden. Ganze Straßenzüge, etwa die Seitengassen der Hadikgasse sind davon geprägt (14., Diesterweggasse 1). Ein prächtiges Beispiel ist der schon bei den Jugendstiltoren erwähnte Galileihof 13., Lainzer Straße 3–5, Ecke Altgasse, mit seiner asymmetrischen Fassade und dem auffallenden, beherrschenden Eckturm (der interessante Bau wäre dringend renovierungsbedürftig!). Beispiele eines mehr romantischen Formenrepertoires sind die sogenannten Straßenbahn-Häuser in der Hetzendorfer Straße 188 oder der Bau 15., Sechshauser Straße 124 mit seinem Fachwerksgiebel. In der Gloriettegasse, Beckgasse, Hietzinger Hauptstraße und vielen anderen, kann man auf Jugendstilsuche gehen.

Im Dezember 1890 wurden die Vorortegemeinden Rudolfsheim, Fünfhaus und Sechshaus nach Wien eingemeindet. Wenige Jahre später begann dort eine rege Bautätigkeit, wie sich auch an der Sechshauser Straße zeigt (Nr. 23, 32, 39, 71, 74, 124), aber auch an anderen, wie dem reich ornamentierten Haus Rauch-

fangkehrergasse 14, in der Reindorfgasse, Fünf-
hausgasse, Stiegergasse. Ähnlich verhielt es sich
übrigens bei der Eingemeindung von mehreren Orten
nördlich der Donau im Jahr 1904. Auch dort wurde
die Bautätigkeit mächtig angeheizt. An den Zinshäusern dieses Bereichs ist immer wieder jenes typische Repertoire an vereinfachten Jugendstilornamenten anzutreffen, wie sie sich durch ganz Wien ziehen,
etwa jener Kreis oder Halbkreis, dem nach unten drei
ungleich lange Stäbe entspringen; Otto Wagner hat
ihn häufig verwendet. Aber auch Josef Hoffmanns
Quadrate – der berühmte Jugendstil-Architekt, der
vom anfänglich kurvigen sehr bald zum geometrischen Stil überwechselte, wurde in Wien scherzhaft
„Quadratelhoffmann" genannt – waren mit Kacheln
über Fenstersimsen oder Türen leicht nachzuahmen.
In den dichtverbauten Teilen der sogenannten Arbei-
terbezirke Ottakring und Hernals fehlen Jugendstilbauten ebenfalls nicht, nehmen wir als Beispiele die
merkwürdigen Eck- und Mittelaufsätze des Hauses
16., Wattgasse 20, das für vorbildliche Fassaden-
restaurierung preisgekrönte Haus Degengasse 43
oder das köstliche Haus 17., Redtenbachergasse 81
mit seinem stark hervorgehobenen vierfenstrigen
Mittelteil und großzügig geschwungenen Formen um
das Ovalfenster in der Dachzone. Dort erkennt man
übrigens ein Motiv noch sehr gut, das für Jugendstil-
fassaden oft angewendet wurde: Daß zwei oder
mehrere Fenster, oder ganze Fassadenteile durch
Rauhputz zusammengefaßt werden, während das
übrige Haus glatt verputzt ist. Dabei sind Farbunter-
schiede gar nicht unbedingte Voraussetzung; wie

überall entlang der großen Bezirksradialstraßen, sind die neuen Ornamente auch in Währing und Döbling zu sehen.

In den Villenvierteln freilich sind die Jugendstilhäuser viel schwieriger aufzufinden, sie sind noch nicht erforscht, nirgends erfaßt – oft bleibt es nur dem Zufall überlassen, sie zu entdecken. In der Alseggerstraße, Schöffelgasse, in der Bastiengasse in Gersthof, auf der Hohen Warte, im Kaasgraben, der Nußwaldgasse, Himmelstraße, überall finden sich zum Teil qualitätvolle Bauten verstreut. Man braucht, ähnlich wie in der Mariahilfer oder der Sechshauser Straße, nur einmal aufmerksam die Döblinger Hauptstraße entlang zu wandern oder in ihre Seitengassen (etwa in die Gebhardtgasse) hinein zu sehen und man kann geradezu ablesen, in welcher Zeit die Bezirke außerhalb des Gürtels verbaut worden sind.

Leider ist auch sehr viel zerstört worden, und das nicht nur durch Kriegseinwirkungen; viel wurde aus Ignoranz, aus Unwissenheit und Mutwillen abgeschlagen, weil es falscher Modernitätssucht als schöner und zeitgemäßer galt. Und wenn man die Häuser fotografiert, mag es passieren, daß Hausbewohner erzählen, wie das Nachbarhaus oder jenes gegenüber einmal ausgesehen haben. Aber nun ist es glatt geputzt, wer hätte ahnen können, daß Jugendstil wieder einmal aktuell sein würde!

Die anonymen Bauten des Wiener Jugendstils sind noch nicht erforscht. Erst langsam beginnt man, die Werke der wichtigsten Architekten um Otto Wagner in Einzelmonographien aufzuarbeiten. Vieles bleibt noch zu tun. Und es hat recht lange gedauert, bis diese Kunst der Jahrhundertwende und der Jahre danach auch in den Denkmalschutz und in die Kunsttopographie der Stadt aufgenommen wurde.

Die bereits oft publizierten Bauten der Wiener Secessionsarchitekten blieben hier ausgespart. Dennoch mag es sein, daß auch einige wenige Häuser, die genannt wurden, von Architekten der Otto Wagner-Schule stammen; zumeist ist das an der Qualität des Baues rasch erkennbar. Otto Wagner hatte fast so etwas wie ein Monopol im Wien jener Zeit.

Was aber als Resümee vieler Wanderungen durch die Straßen Wiens bleibt, bei denen die Aufmerksamkeit hauptsächlich den Fassaden galt, das kann in kurze Worte gefaßt werden: Wirklich „echte" Jugendstilbauten, sei es der gekurvten oder der geometrischen Abart, gibt es wenige, nämlich solche, bei denen der Gedanke des Gesamtkunstwerkes gewahrt wurde, bei denen die Durchgestaltung des ganzen Bauwerkes bis in alle Einzelheiten möglich war. Dagegen läßt sich sehr gut die ungeheuere Auswirkung dieser jungen Kunst auf das Gesicht der Stadt ablesen: Es hat sich ein spezifischer Mischstil zwischen dem Historismus und dem Jugendstil herausgebildet, und zwar noch mehr, als in der architektonischen Formgebung, im Ornament, dem man allenthalben begegnet. Jugendstil wurde somit zu einer Art Bindeglied zwischen dem 19. und dem 20. Jahrhundert. Das, was als mitreißender Protest junger Künstler gegen das Alte begonnen hatte, was eine künstlerische Durchgestaltung des ganzen Lebens werden sollte, blieb zuletzt rein äußerlich als typisches Ornament an den Hausfassaden haften.

12., Dörfelstraße 15:
Der Phantasie der Jugendstiltore in Wien ist keine Grenze gesetzt.
In diesem Fall ist zu vermuten,
daß die Originalfärbung hellgrau war

2

1., Schottengasse 6–8:
Der „jungen Kunst" entsprechend, liebte man die Darstellung
junger Mädchen und Jünglinge. Frühlingshaft dekorativ und geschwungen
wurden auch diese beiden Mädchen über dem Portal der Creditanstalt
als Flachrelief in Metall getrieben

3
1., Bognergasse 9:
Im flächig-dekorativen Mosaik der Wiener Secession
hält ein Engel die Schlange Aeskulaps über das schmale Portal
der Engelapotheke empor

4
1., Fleischmarkt 1:
Beispiel für den „geometrischen Stil"
mit verfliester Fassade an einem Bürohaus, dessen Typus weit in die
Zwischenkriegszeit weiterwirkt

5
3., Mohsgasse 3:
*Die auffallenden großen, in einen Kreis gefügten Mädchenmasken,
ferner die von Rauhputz zusammengefaßten Flächen
geben dem 1903 errichteten
interessanten Bau ein klares, an Otto Wagner orientiertes Gepräge*

6
3., Dannebergplatz 9:
Wie sehr der Wiener Jugendstil auch dem Rokoko verbunden
sein kann, ist an dem geschwungenen Giebel
und seinen Zopfgirlanden abzulesen

7
3., Dapontegasse 10:
Die Schmuckmotive gerade an Fassaden des Übergangs- oder Mischstils
zwischen Historismus und Secession sind überraschend vielfältig.
Hier wurden Erinnerungen an die Renaissance zeitgemäß verarbeitet

8
3., Dapontegasse 4:
*Im Jahrzehnt nach der Jahrhundertwende wird vielfach noch
späthistoristisch gebaut; nur hoch oben
unter dem Dach wird der neuen Zeit Rechnung getragen, wie hier
mit dem geschwungenen Fenster*

9
3., Dapontegasse 7:
Das bemerkenswerte Portal mit kurviger Bekrönung,
Maske und stilisierten Mohnkapseln fügt sich nahtlos in eine
barock-historisierende Fassade

10
3., Dannebergplatz 11:
Zwei Mädchenmasken im Profil flankieren das Tor vor dem gekachelten
Hintergrund eines Dreiviertelkreises.
Das 1906 entstandene Gebäude besitzt damit eines der markantesten
Jugendstil-Haustore in der ganzen Stadt

11
3., Dapontegasse 7:
Der Sprung vom neobarocken Historismus zum Wiener Jugendstil ist
mitunter nicht sehr groß,
wie an dieser verglasten Gittertüre festzustellen ist

12
13., Altgasse 27:
Dekorativ eingesetzte Kacheln geben der plastisch gestalteten
Portalbekrönung des Galilei-Hofes
das spezifische Gepräge

13
4., Schlüsselgasse 8:
Schon im ersten Jahrzehnt nach der Jahrhundertwende entstehen
gekurvt-dekorative Jugendstilornamente oder klar geometrisch
gegliederte Lösungen nebeneinander

14
3., Reisnerstraße 29:
*Die 1903 gegründete Wiener Werkstätte mit ihren stark dekorativen,
mitunter verspielten Erzeugnissen,
übte großen Einfluß auch auf die Gestaltung von Fassaden aus. Hier stark
plastisch modellierte Putten als Tragelemente*

15
Wie Abb. 14:
Detail: Seit Michael Povolny seine berühmt gewordenen Blumen tragenden
Putten in der Kunstschau von 1908 präsentierte,
wird das Motiv dieser pausbäckigen Kinder oder Engel auch gerne
als Ziermotiv an Architektur verwendet

16
7., Siebensterngasse 42–44:
Auch als Flachrelief und dekorativ in ein verspieltes Ornamentgebilde
eingebunden treten Putten auf, hier gemeinsam
mit einer Maske als Torbekrönung
und unter Einfluß der Wiener Werkstätte

17
3., Salesianergasse 31:
Wahrscheinlich als Reaktion auf allzu Gekurvtes und Barockisierendes
greifen manche Architekten auf neoklassizistische
Formen zurück. Doch über dem Dachgesims lugt – auch das ein beliebter
Zierat – die Löwenmaske hervor

18
Wie Abb. 17:
Im Wiener Klassizismus und Biedermeier war die Halbkreisbekrönung
der Fenster beliebt, in die kleine Reliefs
oder Medaillons gesetzt wurden. Mit einer gewellten Stuckdraperie
wird nun Jugendstilanklang erreicht

19
3., Czapkagasse 7:
Die kunsthandwerkliche Durchgestaltung eines Baues
war für den Architekten eine Selbstverständlichkeit, so auch an den
Balkongittern. Hier wurden Sonnenblumen als bevorzugtes
Motiv der Zeit verwendet

20
3., Reisnerstraße 13:
Dieses typische Beispiel für die Mischformen eines pompösen Neobarocks
mit einzelnen Jugendstilelementen von 1904 läßt ahnen, wie rasch
sich der Geschmack der Wiener innerhalb weniger Jahre veränderte

21
3., Uchatiusgasse 5:
In der Erfindung von Schmuckmotiven ist die Zeit
von der Jahrhundertwende bis zum Ersten Weltkrieg unerschöpflich.
Je flächiger sie werden, je eher sind sie dem Einfluß der
Wiener Werkstätte zuzuweisen

22
3., Dapontegasse 9:
Hier befinden sich die Jugendstilmotive hoch oben unter dem Dach;
es sind die sehr großdimensionierten Mädchenmasken
mit Rosenblüten im Haar. Sie münden in Girlanden, die sich zu
Jugendstilkränzen zusammenschließen

23
3., Gärtnergasse 7:
Die seit der Barockzeit über Rokoko und Biedermeier aus der
österreichischen Kunst nicht wegzudenkenden Zöpfe,
Girlanden und Kränze werden vom Jugendstil aufgenommen und nur
etwas dekorativer gestaltet

24
4., Argentinierstraße 4–6:
Oft finden sich in Stiegenhäusern und an Treppengittern
bereits Jugendstilanklänge, während auf der Fassade noch
der Historismus herrscht

25
3., Rudolf von Alt-Platz 4:
Auf einladende Foyers und helle Treppenaufgänge
wird besonderer Wert gelegt,
ebenso auf die sorgfältige Durchgestaltung der Gitter

26
4., Viktorgasse 18:
Auch an diesem Haus sind die Mischformen zwischen Historismus
und Jugendstil gut zu erkennen. Die vollplastischen Figuren mit den
schweren Rosengirlanden am Erker werden durch dicke grüne
Glasplatten geschützt

27
4., Argentinierstraße 20 A:
Die reich gegliederten Gesimse und Säulenkapitäle weisen noch auf den
späten Historismus hin, während in der Darstellung
der merkwürdigen lachenden Masken gewiß schon Anklänge an den
Jugendstil zu ahnen sind

28
4., Frankenberggasse 3:
Keramikrelief aus den Wiener Mosaikwerkstätten von Leopold Forstner,
mit Ornamenten im Stil der Wiener Werkstätte umgeben.
Das 1910 entstandene relativ unscheinbare und schmucklose Haus
wurde von drei Otto Wagner-Schülern erbaut und gilt als Vorläufer
für die Architektur der Zwischenkriegszeit

29
5., Margaretenstraße 100:
Den gekurvten Formen an der Fassade entspricht das ebenso kurvige
Haustor, das sich mit der originalen Verglasung erhalten hat

30
4., Frankenberggasse 3:
Das ganze Leben soll von Kunst erfaßt,
die den Menschen umgebenden Dinge künstlerisch gestaltet sein.
Hier die Türschnalle des Haustores

31
6., Naschmarkt:
*Selbst ein reiner Zweckbau, das zwischen den Ständen des großen Wiener
Marktes an der Wien gelegene Marktamt, wird mit einem seiner
Entstehungszeit entsprechenden Jugendstilmedaillon – Putto auf Bären
reitend – geziert*

32
19., Döblinger Hauptstraße 60:
Kein Giebel ist zu unscheinbar, um nicht mit Zöpfen oder Blumenkörben
geschmückt zu werden. Stark gefüllte Biedermeierrosen
sind ein weiteres beliebtes Schmuckmotiv.
Das Original-Fenster wurde entfernt

33
3., Rudolf von Alt-Platz 2:
Bunte Kacheln im dekorativ-flächigen Stil der Wiener Werkstätte
finden sich nicht nur im Stiegenhaus dieses Baues;
Kacheln aus der gleichen Serie mit Landschaftsdarstellungen
gibt es in vielen Häusern dieser Zeit

34
13., Schloßberggasse 14:
Sehr qualitätvoll präsentiert sich diese durch einen mattgrünen Kachelfries
und eine ovale Linie zusammengefaßte Fenstergruppe
einer Hietzinger Villa. Sie wurde von Otto Wagners Sohn,
der auch Architekt war, errichtet

35
5., Margaretenstraße 82:
Ein merkwürdiges Gemisch von späthistoristischen, neoklassizistischen und Jugendstilmotiven (solchen der Wiener Werkstätte) ist an dieser Fassade abzulesen. Man beachte das ovale Fenster mit der Maske

36
5., Margaretenstraße 100:
*Eines der originellsten Wiener Jugendstilhäuser aus dem Jahr 1902
wird durch das hufeisenförmige Balkontor geprägt,
dem ursprünglich zwei weitere Hufeisentore als Geschäftsportale
entsprachen. (Nur eines erhalten)*

37
5., Schönbrunner Straße 64:
Die in geometrische Formen gegliederte Fassade und das stark
vorspringende Dachgesims, ferner die kleinen Relieffelder
zwischen den Fenstern des obersten Geschoßes weisen auf den Einfluß
der Wiener Werkstätte hin

38
5., *Amtshausgasse 7:*
Gerne verwendeten die Architekten, besonders an Bauten,
die bald nach der Jahrhundertwende errichtet wurden und im
Zusammenhang mit der Otto Wagner-Schule stehen, den Dreiviertelkreis
als Fenster- oder Türumrahmung

39
6., Linke Wienzeile 4:
Vergleiche der plastischen Details lassen Qualitätsunterschiede erkennen.
Die Neufärbung des Dekors wurde etwas zu dunkel gewählt

40
7., Siebensterngasse 42–44:
Recht unruhig wirkt diese Fassade mit ihren
verschiedenen Fenstern und Schmuckmotiven, die ganz von der
Wiener Werkstätte herkommen

41
8., Lange Gasse, Schönbornpark:
*Der unbekannte Schöpfer dieses Parktores
und Gitterzauns hat sich dem asymmetrischen kurvilinearen
Jugendstil verschrieben*

42
9., Nußdorfer Straße 54:
Im Hof von Schuberts Geburtshaus wurde der Forellenbrunnen, eines von Wiens Jugendstildenkmälern, aufgestellt. (Von Josef Müllner, 1910)

43
12., Johann-Hoffmann-Platz 19–20:
Die Fassade dieser Knaben- und Mädchen-Volksschule wurde mit einem
Flachrelief spielender Kinder verziert. Die originalen Fenster
wurden erneuert, und so wirkt der Bau „moderner", als er tatsächlich ist

44
Wie Abb. 43:
Detail von der Jugendstil-Portalbekrönung; das hübscheste Füllhorn mit
Blumen ergießt sich über die eintretenden Schüler

45
12., Wilhelmstraße 30:
Die in Girlanden ausschwingende Maske und der übrige Dekor des Baues
wurde früher wohl kaum von einem so starken Farbunterschied geprägt

46
13., Altgasse 21:
Die großzügig gegliederte Fassade zeigt im eher sparsamen
Dekor Einflüsse der Wiener Werkstätte und von Josef Hoffmann an
der Fenstergliederung

47

13., Hetzendorfer Straße 188:
Romantisierende Formen mögen den Architekten dieser für Wiener Straßenbahn-
bediensteten erbauten Wohnhäuser beeinflußt haben,
etwa das Dach des kleinen Gartenpavillons im Vordergrund

48
13., Hetzendorfer Straße 188:
Blumentragende Jugendstilputten knien zur Seite des romantisch
gestalteten Haustores, über dem ebenso romantische Erker vorkragen

49
12., Sechshauser Straße 124:
Ebenso aus der Romantik herübergeholt erscheinen Fachwerkbauten, deren
Gerüst wie an diesem Giebel, keine tragende Funktion ausüben

50

16., Wattgasse 20:
Zu den stark betonten geometrischen Formen der Rauten und versetzten
Fenster kontrastieren die geschwungenen Giebelgirlanden sehr stark

51
16., Wattgasse 20:
Jugendstilgirlanden und -Kränze um jeden Preis, auch wenn sie, wie hier,
sehr wenig zur strengen Geometrie passen und wie aufgesetzt wirken

52

17., Redtenbachergasse 81:
Zur floral-kurvigen Abart kann man dieses originelle Haus rechnen, an
dem auch sehr typisch die durch Rauhputz zusammengefaßten Teile sind.
Beachtenswert die geschwungenen Fenstergesimse und das Ovalfenster

53
13., Altgasse 27:
Der Galilei-Hof mit seiner eigenständigen Ecklösung und dem reichen
floralen Schmuck zählt zu Wiens interessantesten Jugendstilbauten

54
12., Dörfelstraße 15:
Sehr typisch für die historisierenden Mischformen in den Wiener
Außenbezirken ist der Zierat an der Fassade dieses Hauses, dessen
auffallendes Jugendstiltor in Abb. 1 gezeigt wird

55
18., Schöffelgasse 22:
Geometrisch umrandet und zusammengefaßt wurden die Fenster dieses villenartig wirkenden Hauses. Die Zierquadrate erinnern an Josef Hoffmann

56

5., Margaretenstraße 100:
Mit rötlichen, im Untergeschoß grünlichen, durch weißen Putz ergänzten
Klinkerziegeln wird eine große Wirkung erzielt